Quem são elas?

Quem são elas?

Rayane Silva Guedes

LETRAMENTO

Dedico este livro a todas as mulheres que de alguma forma subvertem a vida "como mulheres". Aquelas que erguem seus punhos, sua cabeça ou sua voz. Ser mulher neste mundo não é fácil, e foi das lágrimas e do suor que tirei minha força para escrever sobre aquilo que vivo e que sei que muitas mulheres vivenciam.

As vozes que antes me diziam "você é fraca" foram sendo substituídas pelas muitas vozes das mulheres que me cercam e me dizem "você pode ser tudo aquilo que quiser".

Sigo lutando para que nenhuma lágrima mais caia, para que nenhuma de nós jamais se vá por ser, apenas e sobretudo: MULHER.

Recata-me um poema
pois eu quero a dança

QUEM SÃO ELAS?

Umas se derramam em lágrimas
Outras sequer puderam respirar mais fundo
Denunciaram, ou morreram sem dizer uma palavra

Umas nunca mais o viram
Outras continuarão convivendo dia a dia
Lutarão corpo-a-corpo,
Ou não conseguirão se mexer

Umas estavam acordadas,
se lembram de cada detalhe
Outras perceberam as marcas,
se lembram de cada dor
Foram pro trabalho no dia seguinte,
ou abandonaram a faculdade

Umas morrem de ódio
Outras por culpa
Juraram nunca mais passar por isso,
ou descobrirão que não seria a última vez

Umas eram senhoras,
outras meninas

Mas sendo você uma das outras,
ou outra de muitas

Sendo Amélia ou Pagu
Dona Maria da Esquina ou da Penha
Sobreviveu ou tombou

Não importa, mulher é força
resistência
E da força de todas estas se inspira a luta
de tantas outras
Quem são essas que ainda possuem a ousadia de lutar?

São todas que conseguem ver um fio de esperança
E tecem a seu modo o caminho para a liberdade

DE TANTOS

Toda ela na véspera
Primavera, desperta
Toda cheia
Em si encontra, amor

Toda ela, não eles
Nenhum de tantos
Era ela sempre
Jamais era ele

Toda ela era vento
Nostalgia de um tempo luminoso
Toda, a flor
Seu cheiro

Toda ela o tempo todo
Fazia brilho à vida
A sua, não a deles
Não a ele, era mesmo pra ela

Quando esquenta
E venta em sua mocidade
Toda ela desabrocha
Faz prosa
E rosa o gosto do gozo de si

DESAMORES

Quem tá do lado de cá sabe
A gente nem abriu a boca e já nos pregaram na testa
Atestado de burrice

Ser enganada normalmente é o de menos
Querem nos convencer de que o erro foi nosso

Ah, mas se eu pegasse um desaforado desse
Faria engolir cada palavra de desavença
Que gera insegurança
E deixa-nos atadas por um laço tão frágil
A simples cobrança por dar certo
Ou mesmo pela infantil disputa feminina

De um asco homem
Das quais mulheres têm
Nem as merece

A aparente novela mexicana
Permanece sob jogos
Controlados por quem gosta do sabor
De relações desiguais
Marcadas por estranhos consentimentos
Que de tão desconhecidos
Tornam-se abusos

Quem será por aquelas cujo coração sucumbiu?
Que dirá destas chamadas de putas,
ou enxergadas como trouxas, loucas?
Quem da loucura sabe!
Que louco mesmo é a mesquinhez de alguns amores
Da insistente traição
De quem quer ganhar vantagem sobre o coração

Não nasci para ser heroína
Dar a vida à causa
Como aqueles que batem no peito dariam a vida
Mas que no meio da guerra de ideias se esquecem
Que ainda temos corações frágeis
Apesar da dureza dos pés que ainda resistem
e do estômago a alimentar

Não bastam palavras bonitas de fé e vitória
Que antes ouvia de outras bocas mais conservadoras
Se alguns aprendem a usar sua "liberdade" para ferir
As mesmas palavras de libertação viram fumaça
Que engolimos muitas vezes sem querer

E fica difícil saber quem está do lado certo da trincheira
Se você nem descobriu de que lado está

Eu prefiro garantir que tô do meu lado
Individualmente contraditório, socialmente inadequado
Mas profundamente possuída de um mistério
A insistente tentativa de sobreviver

Num mundo em que precisamos
saber quem são nossos heróis
E quem somos nesta pequena e singular história

Sabendo disso, pois se dá o presente fato
Da difícil escolha entre o natural egoísmo
E a inerte tentativa de ser coletivo
Enquanto a maioria tá brigando pelo seu
A gente tenta olhar pro lado
E ver que os heróis os quais nos
inspiram lutaram por alguns
E conseguiram dar um significado
talvez mais real a suas vidas

Cada um se apega aos seus
Mas carregar cruzes não é muito fácil
Principalmente quando a gente acha que
precisa levar um pouquinho de cada um
Daqueles que sem dúvida disseram uma palavra de força
Mas não tocaram na madeira

Enquanto tento achar equilíbrio nestas
coisas que ainda aparentam novas
O mundo segue girando e a gente perde um tempo
Perto dos amigos ou do convívio permanentemente tenso
Com aquilo que é preciso respirar mais fundo

Pro coração não desaguar
A vida é sempre uma incógnita, que o
tempo, a gente aprende a decifrar

Não sou herói, tampouco me aparento forte
Não sei aonde vai minha vida
Mas os pés já caminharam muito
E a causa, mais que justa ainda precisa me mostrar
Onde andar?

FATO

Tiraram a inocência
Colocaram lembrança
De cada falta de amor
Dor, de tantas vezes tentar te defender
Mãe
Eu, filha
Esperava acalento nos braços de um cujo pai
Que nunca fora aconchego
Sempre tempestade

Tiraram o afeto
Colocaram insatisfação
De cada abraço mal dado
Fardo, de tantas vezes tentar te proteger
Amado,
Eu, amante
Esperava doçura nos beijos de um cujo companheiro
Que nunca foi presença
Sempre apatia

Tiraram a alegria
Colocaram medo
De cada ferida deixada
Marca, de tantas vezes que tentei te afastar
Agressor
Eu, vítima
Esperava nunca carregar este maldito nome
Que faz de mim um dado
Sempre repulsa

Tiraram a sensatez
Colocaram remédios
De cada frustrante tentativa
Queda, de tantas vezes que tentei me amar
Você,
Eu, corpo
Esperava ter o gozo sem esse gosto de violência
Que dita cada curva minha
Sempre subjugo

Tiraram-me a vez
Colocaram força
De cada vontade de ir embora
Retorno, de tantas vezes que eu quis desistir
Sobreviventes
Eu, mulher
Esperava desenhar um mundo novo
Que fosse possível viver
Não só sobreviver

SOBREVIVENTES SÃO FORTES

Me apresentaram a cruz
Troquei por um martírio maior
Me entender mulher
Senti cada ínfima dor da opressão
E não venha dizer que não

Cada cantada na rua
Cada olhar,
eu me sentia nua
Jesus chorou?
E eu já perdi a conta das noites de choro

Salvar o planeta é muito louvável
Mas ninguém se importa se você não se sente amável

Diria ele aqui não é o seu lugar
EU DIGO
Sou mulher forte e vou ocupar

Caladinha porque "um tapinha não dói"?
Olha pras marcar, a opressão destrói

Fica com essa de que só preciso de um pinto?
Se falar merda, eu denuncio!

Essa de que mulher não sabe de nada
Não cola mais
Cansei dos estupros e do baixo salário

Levanto a minha voz e a minha luta
Sou mulher forte
Eu direi da minha sorte
Quero ser livre

Recata-me um poema que eu quero a dança
Nem religião, marido ou patrão
Meu lugar é ao lado da arte
E da revolução!

POR TODAS

É preciso se movimentar
De nós o direito ao próprio corpo é sempre reduzido
Pelos homens e suas várias faces do mesmo inferno
Por olhos que se abrem todos os
dias e não conseguem ver
Não veem porque se beneficiam
De metade dessa inquieta população
Que é dilacerada, subjugada, estuprada, morta

E a cada cinco minutos uma de nós
ficará marcada pro resto da vida
Fingirá que só há cicatrizes
Enquanto a ferida ainda está aberta, sangra

Engraçado que é só sentar no trono
E querem brincar de Deus
Esperam decidir sobre um corpo que não lhes pertence
Sobre uma vida que não lhes é sua

E eu gostaria que todos tivessem direito à vida
Mas nós mulheres vemos todo dia o nosso direito ceifado
Por aqueles que ingloriamente dizem defendê-lo
Muitas vezes por aqueles que deviam protegê-lo
Mas sequer percebem as marcas, as
dores e o sangue que deixaram

Eu sei é difícil ter de olhar no espelho
e acreditar que é forte
Especialmente quando se tem medo
Em cada esquina escura e na vívida
lembrança da violência
De todo NÃO dito, mas por ele "entendido" SIM

Também não é fácil ter de se reinventar
Tentar transformar o pó que fizeram
de nossos corpos na fogueira
Separaremos pois todas as fitas, os laços, as amarras
E nos uniremos com aquilo que ainda nos resta, a voz
Os gritos de ódio, dor, lamento, de
força, garra. De manifestação
Para que nenhuma de nós jamais se perca

SOBRE RE-DESPEDIDAS

Encontrei com João
Me despedi de Maria
A vida muda todo dia

Ela é essa grande instabilidade
De coisas que aparecem como
permanentemente eternas
Amizades, amores
A vida também tem algumas dores

Mas é de encontros e desencontros
que nós fazemos
Se não fosse assim, por que vivemos?

Algumas pessoas ficam por mais tempo
Mas sabemos que sempre há a hora da despedida
Com alguns, somos apenas passagem
E que bom que podemos fazer viagem

Neste tempo de barbárie
Em que competimos por corações frios
Conheço alguns em que ferve o coração

De uma grande paixão
Uma vida melhor
Um mundo onde caibam nossos sonhos

Sou extremamente grata por ver
o brilho nos olhos destes
Sentir e compartilhar esse calor

O mundo é um pouco mais bonito
Quando se levanta uma bandeira
Se em nossa mente e coração
Existe um pouco mais de razão
Pra viver esse sonho

De um dia poder trilhar caminhos livres
E ter certeza de nunca estar sozinhos
Pois a cada passo haverá um companheir@

Preparemo-nos para
um grande inverno de
corações gelados

ÚLTIMO ROMANCE E UMA SEMANA DE CÓLICA

Prometi a mim mesma
Pequei
Arrependi de meus erros
E cometi de novo

Ofendi a meu corpo
Escarnicei minha alma

Como pude fazê-lo?
Ainda nem sei

Se era pra acertar dessa vez
A linha saiu mais torta que
Mentira de pescador

Se eu disse que não havia mais amor
Foi tipo resto de coca-cola
Mas estava sem gás
Quente
E com mofo

LINHAGENS

Veja
Eles comem
Mas não alimentam a própria alma
Procuram restaurantes
Pra esquecer que não se ama a comida que se põe a mão
Viajam buscando uma vista bonita
Mas esquecem de olhar o chão que pisam todo dia
Procuram alguém para conhecer, se casar
Mas não sabem nem quem são
Falam de um mundo melhor, mas não se lembram das crianças
Esperam um salvador e nunca tentaram salvar a si próprios
Do ópio cotidiano seguem fingindo que vivem
E chamam de loucos os que sonham

OPORTUNIDADES E FRACASSOS

A oferta era grande
Meu santo nem desconfiou
Que o preço a se pagar era baixo
Mas a durabilidade ordinária
E a qualidade presumivelmente não satisfazia

Chegou no fim tudo que nunca teve começo
Se um dia ouvi frases bonitas de alguma boca
Perdoe-me foi só um momento de alucinação
É que a gente tenta acreditar que daqui
pra frente algo vai dar certo
Não deu

PRECOCEMENTE

Às vezes, mas somente às vezes
Encontramos uma alma muito bonita
que reluz aos olhos e dá vontade de andar sempre perto

Que encanta e desponta pequenos
sorrisos no caminho do trabalho.
Que faz a gente viajar no tempo
pensando no que falar, como agir.

Uma pena que essa alma vá embora
Separada de nós pelo desencontro do corpo
Duas almas tão bonitas, em corpos
que nunca andarão juntos

CONTANDO O CONTO

Conta de quanto em quanto
Tempo. Perdido?
Conta de quando em quando
Momento. Abstraído?
Quanta em contos foi
Traído. De ausência?
Conta de quantas contas fizemos
Lamento. Era demência?
Canta de canto algum
Fomos. Insistência?
Conta que o conto se fez
Verdade. Ou foi por maldade?
Como conta a vida
Certa. De passagem?
Conto minha história quando
Enquanto contas
Fazendo conta do que amou
Eu faço conta do que conto
Do amor que ainda restou.

A PAZ QUE NÃO HÁ

Um silêncio ronda a sala
É o medo do desconhecido
E do já sabido conhecimento

Quisera eu dizer ao menos
Estou aqui
Mas passados os tempos de angústia
Nenhuma palavra quis ser proferida

Era o mal despertar de uma amizade
Que nunca se deu

Nesse tempo de relações pacíficas
Amortizadas pelo não dito
O pouco feito
Fez tão complexo o que era pra ser simples
E já não sabemos se um dia torná-se-a belo
Se as lembranças mais vívidas ainda são tristes

JAMAIS

Não escrevo mais poemas
Tudo me dá enjoos
O lápis, a rima e o seu formato

Poemas? Não os escrevo!
As dores são fúteis
Os amores se foram
E o mundo não me quer
Não tenho motivos para escrever

Nunca escrevi poemas!
Tenho péssima memória
Se me perguntar agora
Se já escrevi?
Quem és tu?

—O que é isso?
Um poema com certeza não é
Não escrevo poemas

REDEMOINHO

Desenho como um pequeno corte
Neste peito torpe

Que já não doí como antes
Pior, sangra por dentro
A única saída para este momento

Difícil é observar
Que já não sei como aqui cheguei
De novo

Onde rondo de tempos em tempos
Não há luz, nem paz
Só a tristeza e nada mais

Meu desejo é que essa cama crua
Me cobrisse nua
E que ao lado apenas estivesse alguém
Para garantir que tá tudo bem

UMA SEMANA

Mas é que tem coisa que aperta
Às vezes coça o peito
Mas tem hora que dói

Mas é que tem coisa que solta
Às vezes deixa a gente leve
Mas tem hora que tudo agarra

Mas é que essas coisas competem
Às vezes fico alegre
Mas tem hora que tudo é chuva

Às vezes é amor
Mas tem hora que tudo é saudade
Ou então, ansiedade

RISOS

hahahahah
Eu sei que um dia vou me perder
Disso sempre tive certeza
Por enquanto vou brincando de tentar
Achar um lugar confortável

Têm dias que tudo é fracasso
Noutros eu finjo ser estável
De uma loucura que pareço gostar de alimentar
Um dia
Como sempre digo
Buhh
E fim

Não, não são borboletas
Nem fazem cócegas no estômago
São como vespas
Que picam o peito
Comem o meu braço esquerdo

O coração acelera
Mas não me faz andar mais rápido
Me assusta tanto
Ao ponto, de ter medo de caminhar

Sim, eu sabia que estava sozinha
Mesmo assim esperei visita
Sabia que ninguém ia comer
Mesmo assim fiz bolo

Como havia dito só estava aqui o meu silêncio
Que contraditoriamente falava até perturbar
Não fui atrás de ninguém, como antes fazia
Preferi permanecer na companhia dos meus monstros
Eles me dão medo, mas ao menos me conhecem
Sabem que dentro de mim algo morreu

E no meu mundo não existe vida após morte
Por isso sei que um dia também me vou
Pra quem sabe os que se compadecem com a minha dor
Também não morram
Como morreu em mim a felicidade

CIGANA

Me perdoe, eu virei a mão
Fechei-a para rezar
Foi difícil aceitar a sorte que me cabia
Preferi recorrer a Deus
Pois dele sabe os meus pedidos
Não me leve a mal
Quando passar essa ansiedade
Ouço novamente teus ventos
Tuas vozes

A cabeça flutua
sob os sonhos.

E os pés caminham
sobre trilhos firmes.

ENCONTROS

Renasce - mento
Minto, nascemos
Cotidianamente

Das escolhas nos fazemos vivos
Nas esquinas é tudo aquilo
Tudo que eu quero dizer

Nem todos dizem
Não podem
Não puderam querer

Mas eu vejo essas vidas
Elas se encontram todo dia
Nos apartamentos, nas casas

Sempre existe algo em comum
É a luta pela sobrevivência
Que exige a infinda tentativa de ser feliz

GRATIDÃO

Pesado se encontra
Metade do coração
Mas a razão
Completa-me com uma
Profunda esperança

Por dias irremediáveis
Em que sejamos
Estupidamente profundos
De sensatez e loucura

De vida e entendimento da morte

Se somente sei
Das lembranças
Nem to sabendo
Que de tanta imaginação eu descubra o futuro

E dessa criançisse que vejo em ti
Eu me descubra criança
Sem tantos medos, sem tantas certezas
Mas com uma profunda inquietação por descobrir

VIDA

Ainda que vivêssemos em casas
iguais, com objetos parecidos
Viajássemos para o mesmo local,
seguíssemos os mesmos padrões

Ainda que fôssemos fisicamente iguais,
intelectualmente parecidos
Trabalhássemos no mesmo local,
cumprindo as mesmas funções

Ainda que morrêssemos em caixões
iguais, com flores parecidas
Adoecêssemos por mesma doença,
enterrássemos os mesmos mortos

Ainda assim seríamos únicos
Com pensamentos diferentes
Interesses opostos
Expectativas múltiplas

Ainda que vivêssemos em casas
diferentes, com objetos estranhos
Viajássemos para o inferno, seguíssemos
para qualquer lado

Ainda que fôssemos fisicamente distorcidos,
intelectualmente anônimos
Trabalhássemos cada um a sua maneira,
cumprindo poucas horas

Ainda que fossemos eternos, com almas flutuantes
Adoecêssemos de amor, sarássemos através das flores

Ainda assim seríamos iguais
Coletivo humanidade
Data de nascimento
Alguma coisa antes de mim
Objetivo, sobreviver

Quem somos?
– Imagino que esta deva ser uma pergunta constante.
Não precisa ser doutor, qualquer um responde.
Mas a nossa história fazemos
E é de passo a passo
Que já não estando no mesmo lugar
Permanecemos seguindo

SENTIMENTOS

Não sei se é pra fazer sentido
Sentindo tudo quanto me aparenta proveito
Ao próprio, semelhantemente, eu vou ocupando o vazio

Não importa o que venha, desde que seja grande
Poupe-me tempo sem quebra-cabeças
Grandes sofrimentos ou amores
Se no fim o ar não for tão só o que restar
Assim posso prosseguir

Porque eu já vi foi muita coisa
E hoje sei o que eu quero e o que é dispensável
Não sigo ordens, nem pretendo ouvir as vozes
Que acreditando fazer bem, me dizem
pra caminhar diferente

Pode ser que o espaço que tento
ocupar não seja para mim
Ou que esteja torta ao encaixe
Mas se é preciso me curvar que seja para ver
Meus pés calejados e saber que muito andei
E que valeu a pena

SEM VOLTA

Grande corpo prostituído
Comprado por pouco afeto
Ganhado a migalhas
Vendido por inocência

Cada ato virou mágoa
Cada abraço mal dado virou repulsa

O amor abundante cuspido
Por não encontrar o rosto proferido
Voltou-se contra sua própria boca
Fez enjoos ao admirante

Que assustado por tamanha incompatibilidade
Retirou-se a sua insignificante derrota

Fez dela pranto
Fez dela canto
Fez-se mar

ROSA AMARELA

Não era brincadeira amor
Eu não estava querendo me mostrar

Quis ir embora
Não tive coragem
Mas quase perdi o ar

É que essa vida não é fácil
A gente tem que ser ágil
Para a angústia não ser tão grande
A ponto de por fim
Se não temos certeza se vivemos,
é assim

Muitos foram embora
Pelo mesmo sentimento
Impotência frente a vida
Por isso lhe peço
Não duvide jamais

Quando lhe pedirem um ombro amigo
Fica proíbido
Achar que é vitimismo
A questão do suicídio

Viver ou morer?
hahaha
Sim, já foi o meu dilema,
desisti
Transformei tudo em poema

TALVEZ

E se eu parar
Como quem desiste
De dizer teu nome
Contar tuas histórias
Afagar teus cabelos

Se não souber teu telefone
E apagar suas mensagens

Se não me preocupar com teus anseios
E não ver tua fome
Nem responder teu chamado
Sequer ir onde tu queres

E assim sumir com tua presença
Talvez eu esqueça de ti

E como quem insiste em lembrar
Recorra a mim mesma esta vontade

Do prazer de viver
Um amor assumido
Em uma palavra
Eu

PODERES

As tropas inimigas avançam
Tudo é uma questão de estratégia

Mas o que fazer quando
Até os especialistas já abandonaram seus instrumentos?

Difícil é quando não se sabe se cai
mais água lá fora na chuva
Ou nesses olhos, lágrimas que não enxugo

Adverto
A falta de coragem em cumprimentar o ser conhecido
Pode provocar um profundo desconforto
Mas passados os meses de desalento
Torna-se impossível até o encontro dos olhos

Força e coragem aos que reagem
Que o corpo esteja insistentemente cansado
Mas o coração descanse confortavelmente
Como em um campo florido

Mais do que isso
Pouse como pluma colorida
Numa mente ensandecida de esperanças
Aquelas do mundo e do futuro
Onde a felicidade seja regra e não exceção

DÊ-ME

Dê-me uma caneta e papel que
escreverei meus sonhos e planos
Mesmo que eu não consiga realizá-los
Mesmo que depois eu tenha que rasgá-los

Dê-me esperança, um pouquinho de vontade de mudar
Mesmo que a preguiça, o sono e a dor
sejam maiores que caminhar
Dê-me um abraço, um beijo e um aperto de mão

Mesmo que não exista mais nada entre nós
Mesmo que eu queira ficar a sós

Dê-me um calçado bonito, roupas e um par de brincos
Mesmo que a festa seja pobre
Mesmo que eu esteja sem sorte

Dê-me uma viagem, praia para nadar, cachoeira pra pular
Mesmo que eu fique em casa
Mesmo que eu queira ter asa

Dê-me tua presença, seu sorriso, case-se comigo
Mesmo que eu prefira a morte
E nos pulsos reste corte

Dê-me um pedaço de folha e um lápis
Mesmo que eu não escreva
Mesmo que isso tudo fique na cabeça

Dê-me o que pensar para poder sonhar
Mesmo que amanhã eu não possa acordar
Por hoje eu preciso amar

NO MUNDO QUE EU QUERIA

Era todo mundo bonito
Não tinha choro de mulher nem de criança
Sem lugar para o desespero

Sem aquela estranha sensação
De um dia não ter mais nada
Ou de até aqui não ter sido ninguém

No meu mundo a gente não se
perguntaria se existe felicidade
Porque de tanto ser feliz isso seria uma certeza
De amor e outras proezas

Recata-me um poema pois eu quero a dança

11
QUEM SÃO ELAS?

12
DE TANTOS

13
DESAMORES

14
RETRATOS TORTOS

16
FATO

18
SOBREVIVENTES SÃO FORTES

19
POR TODAS

21
SOBRE RE-DESPEDIDAS

Preparemo-nos para um grande inverno de corações gelados

25
ÚLTIMO ROMANCE E UMA SEMANA DE CÓLICA

26
LINHAGENS

27
OPORTUNIDADES E FRACASSOS

28
PRECOCEMENTE

29
CONTANDO O CONTO

30
A PAZ QUE NÃO HÁ

31
JAMAIS

32
REDEMOINHO

33
UMA SEMANA

34
RISOS

36
CIGANA

A cabeça flutua sob os sonhos.
E os pés caminham sobre trilhos firmes.

39
ENCONTROS

40
GRATIDÃO

41
VIDA

43
SENTIMENTOS

44
SEM VOLTA

45
ROSA AMARELA

46
TALVEZ

47
PODERES

48
DÊ-ME

49
NO MUNDO QUE EU QUERIA

Diretor Editorial | **Gustavo Abreu**
Diretor Administrativo | **Júnior Gaudereto**
Diretor Financeiro | **Cláudio Macedo**
Coordenador Editorial | **Luís Otávio**
Logística | **Vinícius Santiago**
Assistente Editorial | **Laura Brand**
Revisão | **Nathan Matos**
Capa | **Sergio Ricardo**
Projeto Gráfico e Diagramação | **Isabela Brandão**

Dados Internacionais de Catalogação na Publicação (CIP) de acordo com ISBD

G924q Guedes, Rayane Silva

Quem são elas / Rayane Silva Guedes. - Belo Horizonte : Letramento, 2018.
60 p. ; 14cm x 21m.

ISBN: 978-85-9530-180-1

1. Literatura brasileira. 2. Reflexões. 3. Mulher. 4. Amor. 5. Sentimento. 6. Felicidade. I. Título.

2018-1828 CDD 869.8992
CDU 821.134.3(81)

Elaborado por Vagner Rodolfo da Silva - CRB-8/9410

Índice para catálogo sistemático:
1. Literatura brasileira 869.8992
2. Literatura brasileira 821.134.3(81)

Belo Horizonte - MG
Rua Magnólia, 1086
Bairro Caiçara
CEP 30770-020
Fone 31 3327-5771
contato@editoraletramento.com.br
grupoeditorialletramento.com
casadodireito.com

Grupo Editorial LETRAMENTO

Grupo
Editorial
LETRAMENTO